Zeit zu wachsen

Viktor Kamerer ist Autor von über ein Dutzend Büchern, die er seit 2017 veröffentlicht. Er schrieb Thriller und Gesellschaftsromane. Dies ist sein zweites Sachbuch.

Viktor Kamerer

Zeit zu **wachsen**

Einleitung. Das kleine Böse

Es gibt das kleine Böse, überall. Hier auf der Erde und in der Hölle. Das ist schrecklich, aber wahr.

Es sind Menschen, die nie groß wurden. Sie dachten nur sie sind groß.

Vor Gott aber ist der Mensch durchsichtig. Er sieht den Menschen und lernt jeden schnell kennen.

Diese bösen Buben und Frauen haben die Liebe nie richtig erkannt. Sie leben nutzlos. Sie leben in ihrer Vorstellung ein wunderbares Leben, denn sie glauben sie sind wunderbar.

1 Happiness

Ich baue ab und wieder auf mit Fröhlichkeit.

Kraft ströme durch mich hindurch.

Freude komme in mir auf. Das ist Wachstum, echtes Wachstum.

Ich rede laut und deutlich. Und doch mit dem Gefühl in mir.

Ich passe mich an, der Dame, die ich mag.

Und sie? Mag sie mich?

Sie wehrt sich, aber ich bleibe bei der Liebe.

Sie ist das was ich wünsche.

Wenn wir zusammenpassen, dann wird es gut mit der Liebe. Wenn nicht, dann habe ich es zumindest probiert.

Zumindest das ist gelungen.

In meinem bisherigen Leben war ich mal grob, mal klein. Doch niemals wirklich gut. Jetzt ist es gelungen. Ich habe die Chance.

Sie gibt mir Halt.

Aber was sagt Gott dazu?

Ich frage ihn und er antwortet: Liebe sie wie du noch keine andere geliebt hast.

Und ich frage: Gott, ist es das was ich bin? Ein Mensch, der Bedürfnisse hat?

Ich bin sanft und gutmütig, heute, gestern noch war ich steif. Wie ein Bär, der vor sich hertrottet.

Diese Frau gibt mir den Halt, den ich so brauche. Ich bin aufgelebt wie ein Kuckuck. Welcher immer wieder hervorspringt.

Doch ich habe Kraft und Macht. In mir, um mir und aus mir heraus.

2 Kraft

Ich lege Kraft in meine Worte.

Seid mächtig, nehmet Kraft auf.

Ihr benötigt das,

Ihr seid es Wert.

Ein jeder.

Nur nicht zu langsam sein.

Nur nicht zu dumm.

Wer glaubt er denkt, der lasse das sein.

Dein Denken ist mies. Zumindest das tiefe Denken. Tief in Gedanken. Das ist Schande vor Gott. Denn er hat den Menschen gut geschaffen.

Der Mensch ist selbst mies geworden.

Vergesst nicht zu fühlen was Ihr anfasst, berührt mit Gefühl, mit Liebe. Benutzt die Finger. Benutzt die Füße. Alles mit Liebe. Und doch habt Kraft im Körper.

Schnell sein, kräftig sein. Mutig und liebreich.

Liebevoll und kräftig zugleich ist Null Widerspruch. Glaubt das, es ist wichtig.

Für jeden Menschen auf der Welt.

Die, die Liebe in sich haben und doch ohne Kraft sind, mögen sie finden.

Glaubt, dass Ihr mutig seid.

Glaubt, dass Ihr wertvoll seid.

Doch richtet nicht, dass nicht auch Ihr gerichtet werdet.

Das Leben gibt das zurück.

Die Kraft, holt euch sie einfach.

Mutig und kräftig. Wie Könige.

Seid schneller als die Langsamen.

Sie mögen Liebe haben aber wo bleibt die Power?

Habt Ihr einen Stock im Po?

Vergebt, verzeiht mir diese Worte.

Aber es ist die Wahrheit die ich rede.

Kraftvoll reden, tut dies.

Macht es, übt es immer wieder.

Nein, nicht üben. Tun.

Bleibt dabei.

Wenn Ihr es wollt.

Transformiert euch groß.

Transformiert euch kräftig.

Ihr seid es Wert.

3 Klar und deutlich

Sprecht klar und deutlich.

Was Ihr wollt, das sagt.

Nehmet Worte und bringt sie hervor.

Sagt was in euch ist.

Seid kräftig im Wort.

Habt einen Standpunkt.

Sagt die Worte groß und mächtig.

Ich verändere den Raum, in dem ich bin.

Verändere die Menschen im Raum.

Das ist Power. Das ist deutlich.

Ich gebe nicht auf, gebe niemanden auf.

Ich schreie niemanden an.

Ich verändere mit Macht, Liebe und Kraft.

Ich stoße niemanden vor den Kopf, sondern suche die Veränderung in euch.

Glaubt nicht Ihr seid Roboter, die ich programmieren will. Nein, Ihr seid Menschen. Aus Fleisch und Blut.

Früher war der Mensch gut, sehr gut sogar, steht in der Bibel.

Dann sind wir gefallen.

4 Lasst eure Gedanken sein

Tut und sagt eure Gedanken, aber denkt sie nicht tief in euch.

Handelt und fühlt, aber denkt nicht tief. Sonst seid Ihr klein und ungewollt.

Macht nicht die Schotten dicht vor euren Augen, denkt nicht.

Habt den Blick nach vorne, nicht in euch hinein.

Seid frei im Tun.

Seid frei im Handeln.

Denkt nicht tief, sondern seid groß.

5 Richtig wachsen

Wenn wir wachsen möchten, müssen wir das so tun, dass wir uns selbst treu sind.

Wir bleiben wer wir sind, doch eigentlich auch nicht.

Denn wir wachsen.

Folgende Technik wenden wir an:

1. Wir spüren was wir anfassen und wo wir drauf laufen. Wir spüren die

Hände und die Füße. Damit denken wir nicht ständig. Damit sind wir gut.

2. Wir reden wie liebevolle, große Menschen. Dabei fühlen wir und glauben an uns. An alle Große und Liebevolle. Doch viele Menschen heute können es nicht. Sie springen nicht über den Schatten. Dabei dürfen sie ja bleiben wie sie waren. Aber benutzt die Techniken.
Wir reden also im Flow. Mit guter sanfter Stimme und ohne Widerstand. Den benötigen wir nicht mehr. Der möge bleiben wo er ist.

Diese zwei Techniken führen auf den richtigen Weg. Endlich leben.

Beginnt damit.

Es ist Psychologie.

Und doch ist es gesund.

Verändert euch nicht.

Bleibt stark aber nicht stur.

Denn das ist der Mensch eigentlich.

So ist er geschaffen.

Seid nicht scheinheilig.

Schwach und mies.

Fies.

Das ist wahre Unkenntnis über die Psychologie.

Fühlt was zu sagen Ihr gedenkt.

Seid mutig, aber nicht feige, ängstlich und mies.

6 Wenn du durchdrehst

Große Männer drehen schon Mal durch. Wenn das geschieht dann begebe dich bitte zu einem Psychiater und lasse dir helfen mit guten Tabletten.

Es gibt Tabletten gegen gewalttätige Männer.

Dann wenn sie verrückt werden.

Wenn sie Ungesundes sagen. Und wenn sie Ungesundes tun.

Das ist wichtig für dich und für alle anderen im Umfeld.

Denn wir wollen dich gesund sehen. Dich gesund hören und spüren, und dass auch du gesund sprichst und handelst.

Sprich über Gesundes.

Nicht über Wahnsinniges.

Das nimmt dir der Arzt wieder weg.

Bitte übe keine Gewalt am Arzt oder an einer Frau. Und keineswegs an Kindern.

7 Sage Worte zu dir selbst

Nimm dir vor, mit dir selbst zu reden, und zwar so:

Wenn du eine Verbesserung willst, dann sprich Worte zu dir

selbst. Denn Worte sind mächtig. Sie können alles verändern, wenn du groß genug bist.

Sage zum Beispiel: Ich bin ein gesunder Mensch. Wenn du groß bist und daran glaubst wirst du gesünder werden.

Siehe nur. Worte sind von Gott geschaffen und siehe was er alles aufgebaut hat.

Und wir sind ihm gleich im Grunde.

Liebe Worte sollen wir reden. Positives und Schönes. Reden und Handeln wir danach.

Denn wer mit den Techniken spricht und tut, der begreift unser Dasein. Unsere Leben.

Wenn uns etwas stört, reden wir darüber.

Öffnen wir unseren Verstand für das was ewig ist.

Sagen wir Worte des Lebens.

Ja, wir denken kurz nach bevor wir reden. Und kurz danach ebenso.

Aber wir denken nicht tief, ohne Grübeleien.

Aber wir denken gut, positiv. Vernünftig wie ein Mensch nun mal ist, wenn er gut geworden ist.

Sprecht euch selbst gute Worte, wenn Ihr Probleme habt.

Sprecht diese Worte nicht im Innern, sondern sprecht es laut aus.

Denn es ist gut.

Kräftige Sätze.

Glaube daran.

An dich, deine sanfte Stimme, mit Worten aus dem Gefühl.

Und an deine Hände und Füße.

8 Gesunde Worte

Redet mit eurem Partner. So, dass beiden geholfen ist.

Wenn der Mann krank ist, möge sie helfen. Tröstende Worte sind ebenso für sie gut.

Seid gute Partner, die nur das Gute für den Andern haben.

Mit liebevollen Worten ist viel möglich.

Zu einer großartigen Zukunft.

Der Partner soll stets das Gute im Leben haben.

Nur dann vertraut sie euch.

Hört ihr zu.

Ihr bringt Früchte, wenn sie euch vertraut.

Seid nicht fies. Seid gut. Ein guter Mensch.

Wenn der Mann euch verrückt macht, er sich aber bessert, dann lasst ihn jetzt euch helfen und es wieder gut machen.

Der Mann wählt gesunde Worte für sie, um sie gesund zu stimmen.

Will er ihr aufhelfen?

Er war grob. Und ihr Gefühl hat sich verrückt.

Er soll es wieder gutmachen.

9 Den Geringsten Widerstand

Sollte eine Frau „Nein" zu einem Mann sagen, dann seid gewiss, dass sie das so meint. Haltet euch sodann zurück. Bleibt ruhig und gelassen, seid locker im Schritt, denn die Frau will gerade das nicht.

Die Psychologie ist rein und natürlich. Und so mögen wir auch sein. Rein und natürlich.

Aber wir müssen im Flow, also im Fluss bleiben. Locker und lässig sein.

Wir sind nur gute Menschen wenn wir im Flow handeln und sprechen.

Wer dabei stur vorgeht ist ein mieser Vertreter.

Ich sage es wie es ist. Die Wahrheit ist wunderbar und gut. Sie ist einfach. Geradeaus.

Bleiben Sie ruhig. Nehmen Sie diese meine Therapie an. Sie ist auch noch beinahe kostenlos.

Nehmen wir uns an, als einen guten Menschen. Sind wir gute Menschen?

Wer sich übel anfühlt ist übel, das ist die Realität. Und wer sich schwach anfühlt ist schwach.

Wer sich nicht leicht fühlt ist auch nicht leicht.

Also benehmen wir uns und fühlen uns gut an. So beginnt die Therapie.

Psychologie und Psychiatrie ist die Lehre vom Verstand des Menschen. Das Ziel hier ist sich im Verstand ruhig und gut anzufühlen.

Es ist mein Ziel mit diesem Buch.

10 Befreit

Wir befreien uns von Hast und anderen schlimmen Dingen. Denn wir sind frei in der Liebe. Frei in Geduld. Frei von Last. Befreien wir uns davon.

Wir fühlen uns gut und gesund an? Dann haben wir schon die Freiheit in uns.

Bleiben wir dabei.

Wire dürfen uns aber auch gut benehmen, denn das ist ebenso befreit zu sein.

Was du ausgibst kommt auch wieder zurück.

Also nehmen wir die Frauen gut an.

Benehmen wir uns mit den Frauen.

Freiheit gilt für beide: Die Frau und den Mann.

Die Frau will gut behandelt werden und sie will frei sein in ihrem Leben.

Lassen wir sie gehen. Lassen wir sie leben und atmen. Einatmen und ausatmen.

Durch tiefes Atmen beruhigen wir uns. Halten wir uns zurück, denn im Grunde ist die Frau gut.

Ihr Wesen ist von Natur aus gut.

Es gibt nicht wenige Männer die der Frau alles verderben. Dann muss sie in die Therapie und er möge sich dafür einsetzen es wieder gut zu machen.

11 Frauen sind die besseren Menschen

Frauen sind geduldiger, sanfter und besser.

Männer hört her, denn es ist wahr.

Heute sind Frauen schöner, liebevoller und geduldiger.

Männer hört her: Frauen geben niemals ihren Mann auf. Außer er macht sie verrückt. Dann lässt sie los und das zurecht.

Männer seid nicht so, behandelt unsere Frauen gut.

Sie sind gute Menschen, aber sie wehren sich. Sie wehren sich mit Worten. Und das sollten wir Männer ebenso tun.

Sie sind innerlich beruhigt, wir sind es nicht.

Sie sind innerlich in Balance. Wir sind das nicht.

Unsere Frauen haben das Recht auf Freiheit, Gutmütigkeit ihnen gegenüber und ein gutes Benehmen.

Wenn du ihr nicht helfen kannst dann möge sie zum Psychologen gehen. Aber dann beschwere dich nicht. Und gehe auch du zum Psychologen.

Wie aber macht der Mann es wieder gut?

1. Rede gute Worte mit ihr.
2. Bleibe ruhig.

3. Haben keine Widerworte, die Böses beschwören. Du machst sie so nur verrückt.
4. Helfe ihr gut zu reden.
5. Helfe ihr wieder Freude zu haben durch deine Freude.
6. Rede nicht grob. Sie benötigt deine Ruhe, Wärme und Ausgeglichenheit.
7. Halte sie hoch. Jedes ihrer Worte ist so gewollt wie sie es sagt. Glaube dass sie wunderbar ist. Glaube dass sie schlau ist. Und das im Guten, also halte sie sanft fest.
8. Gib Ihr Frieden.
9. Gib ihr genug Zeit wieder sie selbst zu werden.

12 Liebe ist Geduld und Glaube

Gedulde dich in der Liebe. Die Frau kommt und sie geht auch wieder, wenn du nicht fähig bist gut im Inneren und im Äußeren zu sein.
Rede mit ihr, aber sanft. Höre zu, dann spricht wieder ein wenig.
Lass sie lieb mit dir reden. Das wird sie tun nach ihrer Therapie. Dann kannst auch du wieder reden. Tue das alles in guter Gesundheit in dir selbst.

Glaube dass Ihr zusammenkommt. Aber bleibe in der Ruhe. Vernunft ist jetzt angesagt.
Vernunft und Geduld. Sei ein guter Mann.
Der die Frauen gut behandelt.

Mit Liebe in der Stimme, nicht im Groben.
Wenn du an euch glaubst, dann bleibe dabei. Aber gib ihr Zeit und Ruhe.
Gib ihr Geduld und auch den Mut wieder aufzustehen.
Einen Mut der sie wieder leicht und locker macht.

13 Gute Gedanken

Verstehe, dass tiefe Gedanken nicht gut sind. Das sind Grübeleien, etwas Schlimmes.
Doch dann gibt es auch leichte, gute Gedanken.
Denke und Rede.
Aber denke nicht in dir drin, eingeengt. Sondern tue es außerhalb und frei.

Zuerst denke, dann spreche. Aber spreche was gerade im Gefühl in dir drin ist.
Verändere dein Inneres mit solchen gefühlvollen Worten.

Wenn du aber in dir, eingeengt, denkst dann bist du einfach grob und klein zugleich. Sehe es dir an. Schaue von außen auf dich und erkenne wie du bist.

Liebevolle Tage kommen mit liebevollen Gedanken und Worten. Beziehungen funktionieren so viel besser. Sie glaubt daran, er glaubt es auch und so ist es gut.

Sage der Frau dass du an sie glaubst.

Denke dabei frei, schön und liebevoll.

Und wenn du denkst dann glaube auch daran, dass die Frau deine Gedanken spüren kann.

Frauen spüren Männer. So denke schön und fühle dich gut.

Das ist es was die Frau von dir braucht.

14 Natur pur

Bei all dem bleibe natürlich, sei in deiner Natur. So wie du geschaffen bist.

Aber sei dabei auch locker und leicht.

Denn wer locker ist gewinnt der Frauen Herzen. Und die lockeren Frauen gewinnen der Männer Herzen.

Nur nicht stur sein.

Ich verstehe einige Männer, sie wollen die Kontrolle in ihrem Leben behalten. Aber das funktioniert so nicht im Leben.

Die Frau braucht keinen engstirnigen Kontrolleur, sondern einen ruhigen und guten Mann. Und der sollte keineswegs durchdrehen, wenn die Frau Mal „Nein" sagt.

Natürlichkeit ist Lockerheit. Fühlen wir uns angenehm an? Denn das ist Lockerheit.

Wer aber zu langsam oder zu schnell ist verliert was er

gewonnen hat. Er verliert die Geduld und die Ruhe. Ohne die geht es nun Mal nicht.

Auch die Frauen mögen natürlich bleiben, das ist keine Frage.

So wie sie waren, bevor der Mann sie grob und starr gemacht hat.

Es ist des Mannes Schuld wenn die Frau hart geworden ist.

15 Keine Hektik

Beruhige dich wenn du nervös bist.

Sage zu dir selbst: Ich bin gut und beruhigt.

Ruhe wenn du hektisch bist.

Sage: Ruhe für mich.

Sage: Beruhige dich.

Schau Fernsehen oder unterhalte dich mit jemanden.

Dadurch bist du stabil.

Und das ist wichtig wenn du ein guter Mann werden willst.

Wer Geduld hat und gut ist, ganz ohne Hektik, der gewinnt die Herzen der Frauen.

Frauen selbst sind im Grunde ruhig. So machen wir sie nicht verrückt. Sonst drehen sie auf.

Und da ist dir selbst nicht geholfen.

Es ist auch schlimm, wenn die Frau keine Gefühle mehr hat.

Hektisch zu sein und dazu ohne Gefühl ist der Supergau.

Gedulde dich mit der Frau. Sie zu erobern braucht Zeit.

Gebe ihr die Entscheidung wann und wo sie sein möchte. Dabei liebe sie wie keine andere.

Wenn sie nicht will, dann bleibe auf Abstand. Solange bis sie wieder bereit ist für dich.

Vielleicht kommt Ihr zusammen, doch nur mit Ruhe.

16 Wenn sie will

Wenn sie dich will weil du dich zum Positiven für sie verändert hast, dann sagen wir Hurra, es ist möglich. Sie kommt zurück, weil du „Normal" geworden bist.

Verändere dabei nicht dein Wesen, sondern lediglich erweitere deine Skills, deine Eigenschaften. Deinen Charakter.

Habe eine liebevolle Kraft. Das ist es, mein Freund. Das ist was dir weiterhilft. Liebevolle Kraft.

Ein jeder, wie er auch im Wesen ist, benötigt diese liebevolle Kraft.

Dabei bringen wir die Liebe aus uns hervor.

Wenn eine Frau dich will, dann hast du den Schritt zur Liebe gemacht.

Du bist gut geworden.

Wenn sie es will, dann gehe langsam und bedächtig vor, aber ohne tiefe Gedanken. Diese sind ein Gräuel.

Nehme doch ein Lied für sie auf. Wenn sie mal rein hört, freut sie sich womöglich in diesem Stadium darüber. Aber sei bereit dafür und lasse ihr die Zeit dafür.

Sie möge Vertrauen in dich legen. Das kommt wenn dein Wort zählt. Was du sagst das tue.

Und sie vertraut dir, wenn du in deiner Natur bist, ihr hilfst und schöne Worte anwendest.

Gehe aber niemals zurück zu dem Zeitpunkt, da du übel warst als Mensch und Mann.

Ansonsten wirst du alles verlieren.

17 Ich tue mit Fleiß

Werden wir nur nicht faul. Tun wir immer wieder eine Arbeit, eine Tätigkeit. Die uns erfüllt im Magen.

Wenn der Magen sich wohlfühlt, dann haben wir den guten Weg gewählt.

Mit Fleiß aber nicht stur.

Wenn du grob und regelrecht angespannt bist, dann nehme dich ein wenig zurück.

Denn Fleiß mit Sturheit ist dumm und nämlich ein Ding der Unmöglichkeit.

Wenn wir mit angenehmen Gefühl handeln, dann ist es wunderbar. Dann haben wir den

Weg zum guten Mann zum geringen Teil erlangt.

Natürlich geht da noch mehr.

Natürlich gibt es mehr an Skills, die wir benötigen. Um ein guter Mann zu werden.

Faulheit ist dumm. Faulheit bringt nichts.

Wer faul geht, geht gar nicht mehr.

Der bleibt auf dem Weg stehen und macht keinen einzigen Schritt mehr.

Wer aber gut und fleißig handelt, der geht weiter voran. Zum Weg des guten Mannes. Nur nicht durchdrehen, meine lieben Männer.

Wir leben im Jahre 2025. Da gehört der Mann auf die Bahn sich benehmen zu müssen.

Wenn du dich nicht benimmst, weil du ungeduldig bist, dann gedulde dich.

Sage zu dir selbst: Ich bin geduldig. Ich bin gut und liebevoll. Und wir kommunizieren mit einem jeden, der auf unserem Weg entlangkommt.

18 Ein gutes Gefühl

Habe beim Reden ein gutes, angenehmes Gefühl. Wenn andere reden spüre ebenso ihre

Worte. Wenn dir das gelingt, dann wird alles gut mit dir.

Dein Gefühl in den Worten ist real. Glaube fest daran. Denn es ist wirklich wahr.

Wenn du nervös bist, dann hole dir ein gutes Gefühl. Höre zu und fühle, oder spreche selbst und fühle das.

Neige dich dem guten Wort zu. Werde somit lieb und normal.

19 Normal werden

Wenn du normal sein willst, dann bedenke dass alles gut ist.

Verhalte dich innerlich normal und scheine nach außen besonders.

Denn deine selbst gefühlte Normalität ist eine gute, wunderbare Sache.

Normal sein ist nach außen sehr besonders heutzutage.

Denn wer ist heute schon normal? Tun wir es. Werden wir normal, indem wir nüchtern sind. Wie gute Leute eben.

Ganz klar ist, dass wir gerne angenehm und lustig sein werden nach dieser Therapie. Angenehm und lustig sein ist beides gut. Humor ist etwas Schönes.

Bleibe wie du dich jetzt, bei diesem Stand der Dinge, fühlst.

Ja, du bist noch der Alte, aber mit großen Talenten. Das Talent ist ein guter Mann zu sein.

Für die Frauen und für unser eigenes Leben.

Frauen sind wunderbare Gefährten, wenn wir ihnen treu sind.

Mit Normal werden meine ich hier, wir werden sein wer wir immer waren. Das Schicksal hat uns nur hart gemacht.

Wir sind wieder der Alte aber größer, lustiger, liebevoller und kräftiger im Charakter.

Nun haben wir die Lage sondiert und gehen mit guten Schritten weiter voran.

Wenn dabei jemand deine Hilfe benötigt weil er krank ist, dann gebe ihm Hilfe, denn auch dir wurde geholfen.

Verweigere dich nicht.

20 Zusammenfassung

- Ändere deinen Charakter nicht. Du hast einen wunderbaren Charakter, denn du bist wie du bist von Anfang an.
- Aber übernehme alle Skills, alle guten Eigenschaften und Talente.
- Wie auch immer du bist, so bitte sei angenehm und ein guter Mensch.
- Rede nur wenn du dich gut fühlst. Angenehm reden ist angesagt.
- Benimm dich mit den Frauen. Sie haben es verdient. Verdiene du es dir auch.
- Bleibe geduldig aber nicht faul. Wer faul ist und nichts tut, der hat wenig vom

Leben. Halte dich aber geduldig zurück. Warte den Moment ab.
- Kriminelle müssen in die Psychiatrie und erhalten dort Medikamente gegen den Wahn.

21 Wer normal ist wächst gesund

Diese Therapie kommt nun zum zweiten Teil. Denn jetzt gilt es gar nicht mächtig zu sein.
Das haben wir nun schon in uns.
Jetzt aber werden wir gute Menschen sein.
Und bleiben nicht allein.
Weil wir jetzt dem Menschen ähnlich werden.

Es ist menschlich, natürlich und normal zu sein.

Es ist menschlich, geduldig zu sein.

Und es ist menschlich auch „Nein" zu sagen.

Diese drei Dinge aber sind der Weg, den wir jetzt weitergehen.

Sicherlich ist es gut, sogar besser positiv zu Reden und nichts Negatives zu sagen.

Denn das ist der gute Weg zur Herrlichkeit, die Ihr jetzt haben werdet.

Wer das tut ist ein wunderbarer Mensch. Ihr kennt euren Charakter. Behaltet ihn in euch. Jetzt aber nehmen wir gute Skills/Eigenschaften hinzu.

22 Gute Eigenschaften/Schlechte Eigenschaften

Gute Eigenschaften kann man als objektiv sehen und somit können ihnen alle zustimmen.
Diese sind:
1. Geduldig warten.
   Wo du auch bist, bringe Geduld mit. Ob beim Arzt oder an der Kasse. Ob auf der Haltestelle oder auf den Partner. Warten gehört zum Leben.

2. Freundlich sein.
   Wer frech ist wird überall und immer wieder abgestraft, und zwar durch die Reaktionen seiner Mitmenschen. Freundlich sein ist eine Angewohnheit,

die bei jedem gut ankommt.

3. Gläubig sein
   Wer an Gott glaubt, kommt überall und immer wieder voran. Auch wenn er mal kurz stoppen muss. Alle Gläubigen, wenn sie denn auch gut sind, werden von Gott beschützt und vor Unheil bewahrt. Sie werden immer und überall durchkommen, wenn sie sanft und gut sind.
   Da kann ein Starker kommen und sie werden nicht fallen.

4. Nicht arrogant sein.
   Wer sich selbst groß sieht, möge mal von draußen draufschauen wer er

wirklich ist. Siehst du eine Arroganz an dir? Lass dir helfen, denn Arroganz kommt gar nicht gut an bei den Menschen.

Wer arrogant ist wird nur belächelt. Und jetzt an alle: Zeigt den Arroganten still und heimlich wer sie wirklich sind.

Schlagt nicht zu. Seid nicht frech mit den Dummen. Sie wissen es nicht besser. Du arroganter aber weißt, dass du groß bist.

5. Positiv denken

Wir denken nicht negativ, das heißt wir denken nicht kriminell und nicht verrückt. Denn so ist der Mensch nicht. Der Mensch ist im Grunde ein guter

Zeitgenosse. Er rechnet mit dem Guten und gibt auch nur Gutes von sich.

Verrückt sein bedeutet hier durchzudrehen. Das mögen die Menschen nicht. Darüber müssen alle Bescheid wissen.

Schlechte Eigenschaften, die objektiv sind:

6. Selbstverliebt/
   Selbstherrlich sein
   So mancher Politiker ist selbstverliebt und selbstherrlich. Er spürt sich so schön, das ist aber nicht objektiv, es ist unrealistisch, was er da von sich hält.

23 Liebe deinen Nächsten

Du wirst groß, mächtig und schön. Mit dieser Therapie. So nimm jeden so an wie er ist, aber lass die Dummen, die nichts wissen von sich, still und heimlich besser werden. Spreche sie darauf an, was du Schlechtes an ihnen siehst und spürst. Aber liebe alle Menschen sowieso. Gebe dabei niemanden auf. Sicherlich, je sturer dein Nächster ist umso schwieriger ist es.

Was meine ich mit still und heimlich? Du musst ihnen ihre Fehler nicht nur mit Worten vor den Kopf hauen. Tue es auch mit dem Gefühl in dir und mit den Gedanken, die man lesen kann.

Vielleicht warst auch du nicht gut genug. Und jemand anderes hat sich für dich eingesetzt. Vielleicht hast du dich mit diesem Buch geändert zum Besseren.
Da dir geholfen wurde, so helfe deinem Nächsten, der ungut ist.
Der nicht gut genug ist.
Er ist derb, grobschlächtig und fies. Er lässt sich nichts Schlechtes über sich selbst sagen. Doch bleibe dran, womöglich warst du noch sturer.

Warum sollen wir unseren Nächsten lieben? Weil jeder Mensch es von Grund auf wert ist. Wir sind eine Zivilisation und sollten zusammenhalten.

Wenn du dank dieses Buches den Schritt zu mehr Liebe gemacht hast, dann wirst du auch

Menschen treffen, die so sind wie du jetzt bist. Auch da gilt: Liebe deinen Nächsten. Da fällt es uns schon leichter zu lieben, weil der Nächste in diesem Fall gut und liebevoll ist. So wie wir.

24 In einem Team sein

So, wir sind jetzt in einem Team, du und ich. Du und viele andere.
Denn wir leben mit Gefühl in den Knochen und mit Gefühl in den Worten und Sätzen.
Wir leben ein gefühlvolles Leben, weil es besser ist als das Hartnäckige und Sture.
Sturheit sollte nur sanft gelten, nicht grob.

Die sanfte Sturheit liegt im Recht
und will durchgesetzt werden.
Das ist durchaus legitim.

Wir beharren mit Sanftheit auf
unseren Standpunkt, weil wir im
Recht sind.

Wer ist noch in unserem Team?
Genau: Gott im Himmel. Wer an
ihn glaubt, wird ihn schätzen,
denn er hilft denen, die an ihn
glauben.
Wenn wir an Gott glauben, dann
können wir uns sicher fühlen. Das
gilt nicht wenn wir nicht an ihn
glauben.

Unser Team ist die Gruppe der
Guten, ob wir an Gott glauben
oder nicht. Wir sind trotzdem gut
und nett. Und das zählt schon
etwas.

25 Liebe dich selbst

Wir waren vorhin bei der Nächstenliebe, aber auch die Liebe für uns selbst ist derart wichtig.
Erst wer sich liebt, achtet auf sich, sein Benehmen und seinen Glauben.
Wer sich liebt wird in der Lage sein seinen Nachbarn zu lieben.
Und damit kann er dessen Frohsinn wecken und Gegenliebe generieren.

Wir lieben uns selbst und fühlen unsere Worte und Handlungen.
Somit wird nichts Dummes über unsere Lippen kommen.
 Wir sprechen dabei schöne Worte und strahlen unseren Nachbarn regelrecht an.

Dieser aber bemerkt das natürlich und reagiert mit Freude seinerseits.
Wier schön das Leben doch sein kann.
Und wenn wir den Nachbarn dann immer wieder sehen und stets freundlich sind, wird auch er immer fröhlicher sein. Wir ändern damit nicht nur uns selbst, sondern ebenso den Nächsten.

26 Ankommen/ heimkommen

Nun haben wir uns groß und liebevoll gemacht. Jetzt gilt es dranzubleiben und irgendwie anzukommen.
Sei es bei Bruder oder Schwester oder bei einer Frau die wir lieben.
Sie ist mein Heim, mein Zuhause.

Ihr Herz ist wunderschön, warm
und loyal ist sie.
Da kommen wir gerne an.
In ihrer Mitte will ich sein, auf der
Couch mit ihr sitzen und kuscheln
bis der morgen kommt.
Und dann?
Frage nicht nach dem „Dann".
Lass es einfach geschehen. Denke
nicht ständig einen Plan aus.
Sondern lebe spontan, gefühlvoll.
Ankommen heißt ebenfalls bei
Freunden zu landen, mit
interessanten, schönen
Gesprächen.
Gute Worte tun jedem gut.
Trefft ihr aber auf jemanden, der
nur schlecht denkt – das merkt
man wenn er spricht – dann helft
diesem Menschen anzukommen.

Diese Therapie war für dich.

Gebe sie weiter an jemanden, der sie benötigt. Du hast sie bekommen, jetzt gebe weiter was du gelernt hast.

Möge es über das Land kommen und vielleicht darüber hinaus.
Kauft einem Freund dieses Büchlein, wenn er an der Schwelle zum Erwachsenwerden steht.
Vielleicht ist er längst alt, aber im Charakter immer noch unreif.
Er ist stinksauer und unglücklich?
Dann kauft ihm ein solches Büchlein.

Seid ein Licht für ihn wie ich eines für dich gewesen bin.

Und ich selbst war unreif bis hierhin. Ich weiß wovon ich in diesem Buch rede.

Glaubt dass es wahr werden kann. Vertraut darauf dass ihr jetzt besser im Gemüt seid.
Rudert nicht mehr zurück, geht weiter voran mit dem Thema dieses Büchleins.